人际网络

有效发展和运用你与他人的关系！

个人潜能管理大师 [美] 吉姆·兰德尔（Jim Randel）著 舒建广 译

THE SKINNY ON NETWORKING:
Maximizing the Power of Numbers

THE SKINNY ON NETWORKING: MAXIMIZING THE POWER OF NUMBERS
Copyright © 2010 BY JIM RANDEL
Author: JIM RANDEL
This edition arranged with RAND PUBLISHING LLC
through BIG APPLE AGENCY, LABUAN, MALAYSIA.
Simplified Chinese edition copyright:
2021 China South Booky Culture Media Co.,Ltd
All rights reserved.

© 中南博集天卷文化传媒有限公司。本书版权受法律保护。未经版权利人许可,任何人不得以任何方式使用本书包括正文、插图、封面、版式等任何部分内容,违者将受到法律制裁。

著作权合同登记号：图字 18-2020-151

图书在版编目（CIP）数据

人际网络 /（美）吉姆·兰德尔（Jim Randel）著；舒建广译 . -- 长沙：湖南文艺出版社，2021.7
书名原文：THE SKINNY ON NETWORKING: MAXIMIZING THE POWER OF NUMBERS
ISBN 978-7-5726-0111-8

Ⅰ.①人… Ⅱ.①吉… ②舒… Ⅲ.①人际关系—通俗读物 Ⅳ.① C912.11-49

中国版本图书馆 CIP 数据核字（2021）第 058874 号

上架建议：成功 / 励志·人际关系

RENJI WANGLUO
人际网络

作　　者：［美］吉姆·兰德尔
译　　者：舒建广
出 版 人：曾赛丰
责任编辑：刘雪琳
监　　制：于向勇
策划编辑：布　狄
文案编辑：王成成
版权支持：刘子一
营销编辑：王　凤　段海洋
版式设计：李　洁
封面设计：利　锐
出　　版：湖南文艺出版社
　　　　　（长沙市雨花区东二环一段 508 号　邮编：410014）
网　　址：www.hnwy.net
印　　刷：三河市中晟雅豪印务有限公司
经　　销：新华书店
开　　本：875mm×1230mm　1/32
字　　数：135 千字
印　　张：6
版　　次：2021 年 7 月第 1 版
印　　次：2021 年 7 月第 1 次印刷
书　　号：ISBN 978-7-5726-0111-8
定　　价：48.00 元

若有质量问题，请致电质量监督电话：010-59096394
团购电话：010-59320018

致中国读者

感谢您阅读"简单有趣的个人管理"书系，我的核心目标是用轻松有趣的方式来帮助您提升个人管理技能。

或许，您会对这套书的出版经历感兴趣。大概 10 年前，这套书在美国出版，随即被引进中国，与中国读者见面了。令人难以置信的是，2018 年，这套书中的两本登上了美国本版图书中文引进版畅销排行榜，并持续在这个榜单上保持着前 10 名的好成绩。

截至今日，"简单有趣的个人管理"书系已在中国销售了近百万册，我们也因此得以在印度尼西亚、马来西亚、泰国、韩国和越南等国陆续出版这套书。

我创作这套书是为了更好地尊重每位读者的时间与精力。我们每天都能获取海量的信息，因此应该有人对其进行筛选与整理，供更多的人学习与使用。

虽然这套书采用的是极简的绘画设计风格，但内容却经过了长时间的打磨。在写作每本书时，我都做了大量的功课，希望能以轻松有趣的方式为您提供您所需的知识。

最后，献上我最诚挚的祝福。

吉姆·兰德尔
2021 年 5 月

关于本丛书

欢迎您阅读本系列出版物。本丛书用一系列图画、对话和文本来传递信息，既简洁明了，又赏心悦目。

在我们这个惜时如金而又信息如潮的时代，大多数人挤不出时间去进行阅读。因此，我们对重要问题的理解往往浮光掠影，不像长年累月专注于此类研究的思想家和教师那样见解独到、入木三分。

这套丛书旨在解决这一问题。为了把这套丛书呈现给你，我们的作者和编辑团队做了大量的工作。我们阅读手头可以找到的与主题有关的一切材料，同时与专家做了深入交谈。然后，结合自己的经验，提炼出这一系列丛书，期望你读后能有所受益。

我们的目标就是让你阅读。故此力求聚集要点、提取精华，集教育意义和阅读乐趣于一书。

本书设计简约，但我们对待其中的信息却极其严肃认真。请不要把形式和内容混为一谈。你阅读本书投入的时间，必将会换来无数倍的报偿。

导言

你可能听说过这样一句话："重要的不是你知道什么，而是你认识谁。"

大量事实证明了这一点。

当然，你总是需要刻苦努力地从事你所选择的工作（你知道些什么）。你在商业领域的价值，取决于你可以为人们做什么。因此，你必须有一种本领、信息或专业知识供人们来消费——当然，人们会为此付费的。

但是，仅仅拥有某项技能、信息或专业知识往往是不够的，根本不足以最大限度地发挥你的潜力。

你需要许多人——一个人际网络——来帮助你传播你的技能。你需要有人来帮你找工作、办贷款，寻找客户或合适的合作伙伴。

本书就是介绍如何建立与维护你的人际网络的。希望你能花一小时左右的时间来阅读本书。我敢保证，这一个小时的美好时光将使你回味无穷、终生难忘。

"使我们实现目标、履行使命和为世界做贡献的能力，取决于我们的社会资本（可利用的个人和商业网络资源）对于人力资本（知识、专业技能和经验）所起的作用。建立了合适的人际网络，人们就有了在任何需要的时候随手可用的资源。"

——韦恩·贝克（Wayne Baker），《社会资本制胜：如何挖掘个人与企业网络中的隐性资源》(Achieving Success Through Social Capital)

（Josey-Bass，2000年版）

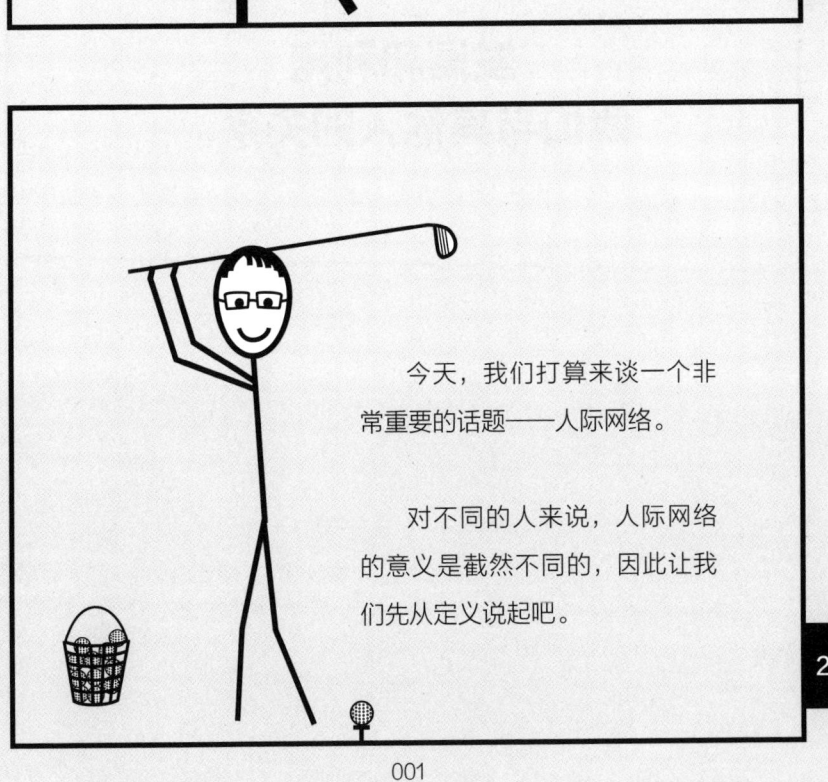

"你好，我是本丛书的创始人吉姆·兰德尔。"

今天，我们打算来谈一个非常重要的话题——人际网络。

对不同的人来说，人际网络的意义是截然不同的，因此让我们先从定义说起吧。

"人际网络"
就是

发展和利用
我们与其他人的关系。

我觉得这个定义太宽泛了。

所以,我列了一份清单,其中包括了能算得上人际网络的具体活动。

我的清单

1. 同你认识的人保持联系。
2. 结识新朋友。
3. 调查并找到可以帮助你的人。
4. 利用网络资源找到你所认识的某个人,并通过他找到你想拜访的人。
5. 增加社会资本。
6. 款待和帮助他人——表达一种互惠的愿望。
7. 建立好的口碑。
8. 推销你的专业技能。
9. 加入可以促进自然联系的群体。
10. 请求被人介绍和引荐。

我的清单并非包罗万象。它从宽泛到具体,现在又回到宽泛。人际网络系指可以帮助你建立同他人的关系的**任何活动**。

好在就像打高尔夫球一样,你可以提高你的人际网络建设能力。在这一方面,有很多策略和技巧可供学习,我们将就其中最重要的方面进行探讨。

现在我要介绍一下比利和贝丝,他们是我们故事中的主人公。

他们在各自的岗位上都做得很好。**但是,**他们在人际网络方面都不太擅长;因此,他们都没能使自己的潜力发挥到极致。

来认识一下比利。他 28 岁,在当地一所高中教历史,但他的爱好却是音乐,而他的梦想是到大学教音乐。

这是贝丝,比利的妻子,26 岁,是一名律师。她在纽约市一家律师事务所工作。贝丝热爱律师职业,她的愿望是成为一名合伙人,而那就意味着要联系客户。

今天晚上我要给比利打个电话,做个自我介绍。而在我们以后的故事里,我将会尽力帮助贝丝。

"有吧,贝丝……但是少之又少。"

"总会有办法的……"

"是的,我是比利。对不起,我不认识你,兰德尔先生。你想要做什么呢……我会考虑的。"

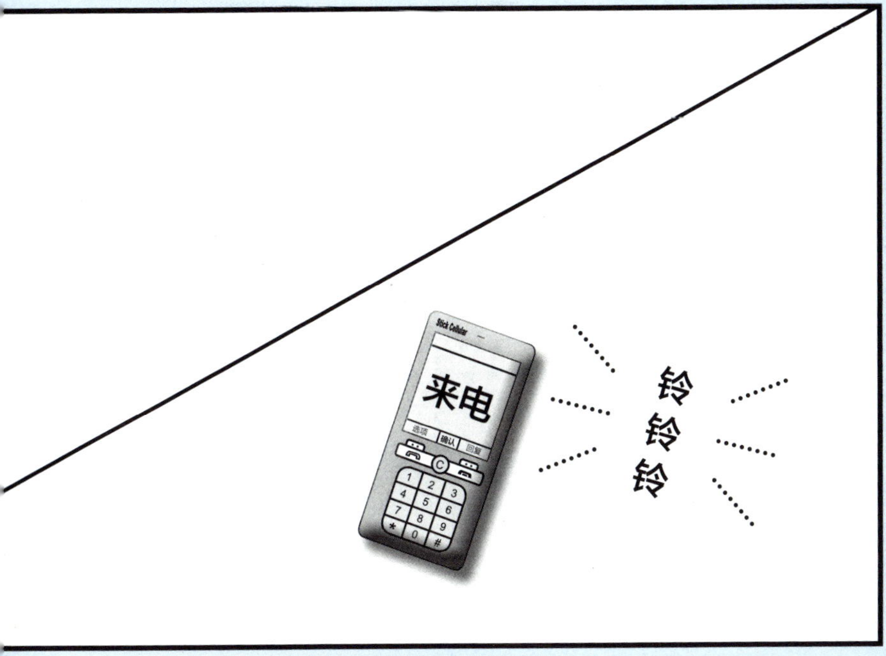

"真是奇缘……你准备给他回电话吗?"

"我还没想好。"

比利确实抽出时间来给我打了电话。

但是,首先我要说明一点:

你已经听到了,我打电话的时候,比利是持怀疑态度的。在**陌生人**接近他们的时候,绝大多数人都会有这样的第一反应。

人类的天性，迫使我们在陌生人靠近的时候保持警觉。即使那人意图良好，但因为我们难以辨别其动机，所以我们的本能反应是退却。

　　而这正是构建人际网络重要性的原因所在！

人际网络减弱了

人际交往的屏障。

一旦你同某人见过面,你就跟他有了一面之缘。当你再次接近他的时候,就不会触发他对陌生人的那种警觉。

　　同样,如果某人将你介绍或推荐给其熟悉的人,对这个熟人而言你就不是一个陌生人。他在期待你的下一步行动。他觉得一切良好,因为他的熟人事先已经为他做好了铺垫。

建立人际网络的主要目标，是为了淡化陌生人之间接近或接触时，彼此之间的谨慎和警觉。

建立人际网络，可以使你在同别人见面的时候处于一种舒适惬意的状态。你还可以要求别人对你所要会见的人做一番介绍，当然这个人必须是他的熟人。

最后，你可以在介绍自己之前，通过建立信誉的方式推销自己，以便使人们对待陌生人的那种不确定感大大降低。

然而，在我们谈论如何同陌生人联系之前，先让我们谈一下**你已经认识的人**——熟人、朋友和家人吧。

建立人际网络可以
让你找到能够帮助你的人，

每一个你曾经谋面的人
都可能成为你潜在的帮助者。

这是我的高中毕业班年刊。我几乎与册子中的每个人都失去了联络。和大学还有法学院的同学也是如此。

我真该感到羞愧。

在我一生所犯的错误中，与这么多人失去联系应该放在首位。这个错误已经使我在个人成长和专业发展方面遭受了重大损失。

在高中或大学里，你可能很难想象你的哪个同学会在未来成为有号召力的人物。但的确有一些人会成为有影响力的人。而他们当中的一些人可能会帮上你的忙。

类似脸谱网（Facebook）这样的社交网站，已经使得相互之间保持联系比以往任何时候都更加容易了。但不要就此止步。你要通过电话或电子邮件与别人联系。适当的时候在一起聚聚。

如果你同下列人士中的任何一位是高中同学的话，你真应该和他保持联系。

你猜到他们是谁了吗？

A
比尔·盖茨（Bill Gates）。

B
莎拉·佩林（Sarah Palin）——曾任美国阿拉斯加州州长。（译者注）

C
本·伯南克（Ben Bernacke）——美国联邦储备委员会前主席。

D
希拉里·克林顿（Hillary Clinton）……不，当然了，那是奥普拉·温弗瑞（Oprah Winfrey）！

E
那个是我。

你永远不知道，

谁会在哪一天可以

帮助你实现你的目标，

所以千万不要失去联系。

好了,该回到我们的故事了。我有一种感觉,比利就要给我打电话了。

"嘿,比利,接到你的电话我真高兴。不,我不是想卖什么东西给你。我只是想要同你分享一下我对人际网络的看法。这些看法可能会帮助你获得一份在大学教音乐的工作。"

鲍勃·比汀的书是介绍人际网络的。他认为，最好的方法是从熟人开始进行接触。

哦，这可有点儿尴尬。

"你认识的某个人,可能早就认识那个可以帮助你的人了,他将会帮助你实现你的目标,或者雇用你,或者把你介绍给你需要会见的那个人。"

——鲍勃·比汀,《人脉:关键性关系的力量》

(Hachette 出版社,2009 年版)

比汀建议你制作一份 100 人的名单，他把这个名单叫作你的"**谁**"。这些都是你的熟人，而且将是最乐意帮助你的人。

然后你再制作一个 40 人的列表，他称其为你的"**什么**"。这些人有可能聘用你，或者给你带来你想要的东西。

鲍勃·比汀先生的假设是：成功的人际网络指的是找出并请求你的"**谁**"去帮助你认识你的"**什么**"。

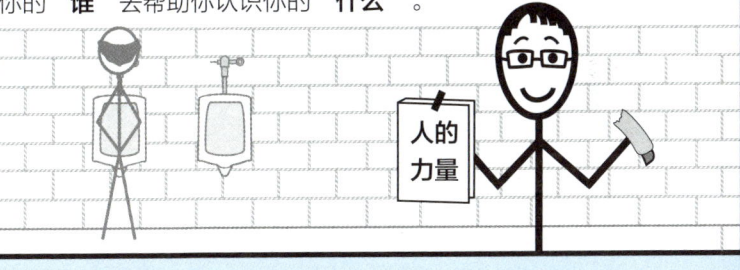

我要把鲍勃·比汀有关"**谁**"和"**什么**"的思想介绍给比利。别着急，让我们先和他开个小玩笑吧。

如果你从未看过阿博特（Abbott）和科斯特洛（Costello）的搞笑喜剧小品《**谁在一垒？**》（*Who's on First?*），请尽快到 YouTube 视频网站去看吧。

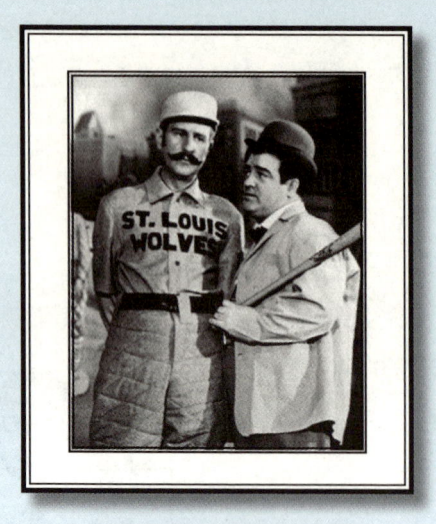

**阿博特和科斯特洛的
《谁在一垒?》**

回到桌边

"比利,我最近读了一本书,里面建议你同你的**谁**谈谈。"

"好吧,那么我跟**谁**谈呢?"

“是的……就跟**谁**谈谈。”
“我知道了……但跟**谁**谈呢？你在说**什么**呀？”
Relish
“是的，也和你的**什么**谈谈。”
“**什么**呀?!”
Relish

43

“就像我说的，你的**谁**和你的**什么**。”
Relish
“好了，文字游戏先生……这里有点礼物送给你，好好**品尝**！”
Relish

44

对不起，我实在忍不住了。

不过，鲍勃·比汀确实有一个很严肃的观点：当你有特定的需要时，你的人际网络建设应该从告知你的朋友和家人，你想达到什么样的目标开始。

有些人忽视了这一点，因为他们总是以为，他们已经知道其朋友和家人能为他们做什么了。那是错误的。

研究表明，即便在非常亲密的关系（如婚姻）中，彼此之间也存在相互认识上的差异。

不要臆想你已经知道你的家人和朋友可以帮你做什么了！

"大多数人凭借不准确、不完整的心智地图进行操作……结果他们没有看到或者没有对其人际网络中可利用的资源（对他们来说）进行发掘，因此没有取得他们应有的成功。"

——韦恩·贝克，
《社会资本制胜：如何挖掘个人与企业网络中的隐性资源》
（Josey-Bass，2000年版）

当你想伸手向别人求助的时候，
就从你的圈内人士开始吧。
不要臆想你已经知道，
他们能或不能为你做什么……
或者他们认识谁。

对于同熟人建立联系，这儿有个建议。

打开你的电子邮件程序，键入字母"A"，然后，当屏幕显示每个地址首字母为"A"的已有联系人时，向下滚动，然后是"B"，依次类推。

然后，你就可以选择你想发送电子邮件的人了——公布你的目标。下面的内容是比利可能写给他的电子邮件联系人的：

> 你好……我是比利。
> 你可能不知道，我一直想到大学教音乐。
> 你认识做这一行的人吗？
> 你认识做高校管理工作的人吗？
> 请你帮助引荐一下或给点儿建议。
> 谢谢。

当然，你可以把这个消息发送给你的电子邮件地址簿里的每一个人。问题在于，你有可能会把邮件发给错误的人。

例如，比利可能不想让其所在高中的校长看到他的这封电子邮件。或者，不想发给某个最近来过邮件的学生家长。所以我建议你花时间来确认一下你想让哪些人看到你的电子邮件。

值得注意的是，我建议比利写的电子邮件**具体**说明，他想要做什么和他要求收件人做什么。

当你进入你的人际网络寻求帮助的时候，你必须**清楚无误地**说明，你到底想要他们为你做什么。

最近，我的一个朋友给我来电话，请我帮助他刚刚毕业的儿子找一份工作。请告诉我应该怎样对此进行回应。

"嘿，吉姆。我知道你有一个很大的交际网络，我想知道你能否帮助拉尔夫找一份工作……嗯，他对自己想做什么还不是很确定。他在大学里主修经济学……平均成绩为优，有良好的人际交往能力。他想找一份既有趣又刺激的工作——哦，对了，还要具有挑战性。他是那种喜欢接受挑战的年轻人！！"

不管我多么想去帮助我的朋友和他的儿子，但遗憾的是他没有给我提出任何具体的要求，让我可以按照这个要求去做。

就像汤姆·克鲁斯（Tom Cruise）在电影《甜心先生》(Jerry Maguire）中对其足球运动员客户所言：

"请帮助我来帮助你。"

使用一切可能的工具
建立伟大的人际网络。

比利使用电子邮件同朋友和家人进行联系。然而可利用的数字工具还有很多。

对建立人际网络来说，迄今为止最大的恩赐是互联网。

互联网可以通过多种方式帮助你建立人际网络。以下就有五个：

1

建立和维护数据库。

2

发现共同点。让我解释一下。

> 我爱我新的 iPad。

互联网可以帮助你发现和你有共同之处的人。

比如说，如果你想查明你是否与在苹果公司工作的某个人有关联，有些网站可以帮助你。这些网站可以搜索苹果员工基站，然后将其与你的联系人以及联系人的联系人进行匹配，看你与苹果的员工是否存在某种联系。

这些网站还能识别出苹果公司内，是否有人跟你曾在同一所学校上过学，或者同属于相似的组织。

如果你在这些网站注册了账号，联系苹果公司将会容易得多。

在以下方面，互联网也是一种了不起的工具：

3
调查研究
查找有关个人、公司、职位空缺和机遇的信息。

4
提高你的知名度
如果你的知识背景、资历和住址一目了然，人们就可能主动和你联系。

5
拓展你的信息范围
利用社交和商业关系网站，你可以把你的信息传播得更远。

脸谱网和领英（LinkedIn）可以帮助你将互联网上的人际网络潜力发挥到极致。

当然还有推特（Twitter）。

微博——非常短的信息传播平台——对那些同意接受你的更新的人来说，用这个办法可以引起他们对你的关注，这些人一般都是你的追随者。

又因为微博极易传播和转发给别人，所以它是一个了不起的工具。通过它，你可以告诉他人你需要什么或想要实现什么目标。

布弗·比利：我决定了！我想换个工作。想去大学教音乐。请转发！

4 小时前

互联网使得你的人际网络活动负荷大增，因为它使你能够与那些你可能不太熟悉（或者一点儿都不熟悉）的人建立联系。

当你的人际网络仅限于你的熟人时，你就没有把人际网络为你服务的潜力发挥到最大。

伟大的人际网络使用者明白，最佳的资源信息和帮助有时反而来自那些联系并非十分密切的人。

让我们来看看，

比利是如何通过电子邮件

与朋友和家人进行沟通的。

"你的工作找得怎么样了？"

"不怎么样,吉姆。我的朋友或者家人没有一个知道有谁可以帮助我。实际上我比开始找之前更加灰心了。"

"嘿，比利，没有人说过这会很容易。有效的人际网络可不是给胆小鬼准备的。"

"我不是胆小鬼，吉姆。但我感觉自己完全是在浪费时间。"

建设人际网络

是一项艰苦的工作。

想想看：纯粹－工作

（Net-Work）

"比利，人际网络可不是一锤子买卖。你不能给朋友和家人发一个电子邮件出去，然后如果什么也没发生就这样放弃了。

"你现在要做的，就是寻求他人的帮助——你熟悉的以及不太熟悉的人。事实上，我想给你讲一下弱关系原则。"

"弱关系？"

弱关系原则讲的是，

有时那些与你不那么密切的人

将是你最有效的人际网络。

"弱关系指的是你和这样一种人的关系：他认识你，但不是很了解，你们不经常见面，而且关系也不是很密切。你可能把这些人当成熟人。

"重要的是要明白，这些人往往能够为你指明前进的道路，告诉你如何才能实现自己的目标。"

一个非常有趣的研究

1974 年，一个名叫马克·格兰诺维特（Mark Granovetter）的人对于人们如何找到工作，做了广泛的研究。虽然该研究早于互联网的出现（你能想象没有克雷格列表①的世界是什么样子的吗），但他的研究在今天看来，仍然意义重大。

格兰诺维特的研究表明：那些通过个人接触获悉一份工作的人，绝大多数是从与他们并不十分亲近的人那里了解到的——通常只是个熟人而已。

---

① 即 Craigslist，一个全球性的免费信息网站，以城市为单位提供信息发布服务。

"同密友比起来，熟人更有可能在与你不同的圈子里活动。对一个人来说，那些最亲近的人所接触的人往往你本来就认识，因此他们所了解的私密信息你可能早就知道了。"

——马克·格兰诺维特，
《找工作：关系人与职业生涯的研究》
(Getting a Job: A Study of Contacts and Careers)
（芝加哥大学出版社，1975年版）

弱关系原则之所以有用是因为你的熟人所活动的圈子通常不同于你以及你的朋友和家人的圈子。

如果你能够发动你的熟人来帮助你，你就会扩展你的视野，就像加入了一个由全新的人群组成的人际网络一样。

现在该来认识一下一个非常重要的群体了：

联系人（Connectors）

这个过渡看上去似乎有点古怪，但现在我想跟你谈谈保罗·里维尔（Paul Revere）。别担心，最终你会觉得我所讲的这些都是有用的。

你可能早已知道，保罗·里维尔是因其在 1775 年 4 月 18 日的一次骑兵作战而闻名于世的。作为美国的一名殖民地居民，里维尔的使命是负责提醒他的邻居们：英军正在波士顿集结，并要侵入马萨诸塞州乡村地区。

里维尔做事效率非常高。英军到达列克星敦镇的时候，就遇到了殖民地民兵组织的顽强抵抗。

保罗·里维尔并不是 4 月那个夜晚警告当地民兵关于英军入侵之事的唯一骑手。当里维尔骑马向北走的时候，一个名叫威廉·道斯（William Dawes）的人正在骑马往南去。

但是，殖民地居民们并没有理会道斯的警告。

为什么？这两个人有什么不同？难道仅仅因为里维尔是个大嗓门吗？

嗯，好吧，事实上并非如此。但是从**比喻**的意义来讲，**是的**！！！

保罗·里维尔就是马尔科姆·格拉德威尔（Malcolm Gladwell）在他的伟大著作《**引爆点**》（*The Tipping Point*）里所说的"联系人"。

里维尔很外向。他喜欢参加各种社团活动，是好几个组织和俱乐部的成员。他参加过许多不同的活动，在每一项活动中，他都有一个独立的朋友圈。

与此相反，道斯却是一个孤独的人。他远远不像里维尔那样为众人所周知。所以当他警告殖民地居民的时候，他的话当然就不如里维尔的话有分量了。

"保罗·里维尔是……一个联系人。举例来讲，他非常合群，又喜欢社交……他是一个渔夫和猎人，是个玩牌的人，是个戏剧爱好者，是酒吧的常客，他还是一位成功的商人。他是本地共济会的活跃分子，是数个对入会资格有着严格要求的社交俱乐部的成员。他是……一个有幸拥有'总是处于各种活动中心的超常天赋'的人。"

——马尔科姆·格拉德威尔，《引爆点》

（小布朗出版社，2000年版）

良好的人际网络

可能需要找到一个联系人

并寻求他的帮助。

举例来说，比利可以尝试在学术界找一个联系人——这个人活跃在很多不同的组织里，他会注意人们想什么、说什么，消息灵通。这样一个人可能会对比利产生很好的引导作用。

联系人的优势，在于他所接触和联系的人的**多样性**。

正如我们已经讨论过的，如果你的人际网络仅仅局限于自己的朋友和家人，你的交际范围就会大大缩小，因为你总是翻来覆去地和同样的人打交道。这就是为什么高效能的人际网络通常需要延伸到熟人（"弱关系"）身上。

联系人都明白这一点。联系人总是让自己进入**更广泛**的人际圈子里去——让自己渗透到很多**不同的团队**里。

让我们来谈谈凯文·培根
（Kevin Bacon）

或许你还记得，有人说娱乐圈里的每个人都可以通过六步与凯文·培根联系上，也即"六度分离"。

让我来告诉你这一事件的来历及其背后的真相吧！

六度分离

在 20 世纪 60 年代,一个名叫斯坦利·米尔格拉姆 (Stanley Milgram) 的人做了一项研究。他要求内布拉斯加州(A 点)的两百个人写一封信(平信)给马萨诸塞州(B 点)一个他们不认识的人。A 点的每个人不得不先把这封信寄给一个他认识的人,他希望这个人会认识马萨诸塞州 (B 点) 的那个人所认识的某个人。

米尔格拉姆想知道,究竟需要中转多少人才能让这封信从 A 点传递到 B 点。

平均来说,需要六个。换句话说,在这封信到达马萨诸塞州的那个人手中之前,有六个人必须将它向下传递。

六度分离的幕后真相

从米尔格拉姆的研究中,人们得出一个观点:地球上的每一个人与另一个人相连接,最多只需要六个中转。但是,至今没有什么证据来支持这个理论。事实上,很多人认为这个想法是荒谬的:

"你听说过在你和地球上其他你想认识的人之间存在'六度分离'吗……没有的事。对不起,我们不想打破你对这一可爱观点的幻想,但那可能只是一个都市谣言……"

——伊万·米斯纳和米歇尔·多诺万(Ivan Misner and Michelle Donovan),《29%的解决方案》(The 29% Solution)(Greenleaf 出版社,2008 年版)

那么关于凯文·培根的说法真的很愚蠢吗?

实际上不是这样。原来凯文·培根是一个联系人。

事实上,人们(计算机)对培根的可连接性进行了研究和测试。

在对凯文所做的分析中,研究人员把凯文标作数字 0,作为自己宇宙的中心。曾在电影中和凯文一起工作的每一位男演员或女演员,被标作数字 1。然后,曾在电影中和该男演员或女演员配戏的每一位男演员或女演员被定为数字 2,以此类推。

大约 36 万名男演员和女演员被赋予了一个号码。距离的平均值(他们与凯文关系的密切程度)为 2.86。

这意味着,很多男演员和女演员与凯文的距离都在 3 步之内。换句话说,如果你想要认识自己最喜欢的男演员或女演员,从凯文开始将会是一个不错的选择。

为什么凯文会有这么好的人缘?

嗯,凯文是个多才多艺的演员。他主演过很多轻松活泼的电影,如《浑身是劲》(Footloose)和《动物屋》(Animal House),还有一些严肃电影像《餐馆》(Diner)和《好人寥寥》(A Few Good Men)等。这种多样性说明凯文有很好的人脉联系。

我们每个人都可以试着模仿凯文·培根和其他联系人，扩大我们联系人群的广度和宽度。一般来说，这就要求我们从自己的舒适区中走出来。

我们都喜欢和那些志趣相投、观点相似的人打交道。然而，这并不是我们建立卓越人际网络的最好途径。走出舒适区，和完全不同的人进行交往既有利于自我完善，又有利于事业成功。

这就是联系人要做的事情。

走出你的舒适区

"不舒适才是好的。大多数人把不舒适理解为一个警示信号,告诉人们要避免某事。对建立人际网络来说,事实正好相反。不适是一种迹象,说明你正在做的事情是正确的。如果你不觉得不舒服,那么你就没有走出你的舒适区。例如,同相似的人接触比和不同的人接触要舒适得多,但与不同的人接触,才可以使你的人际网络更加丰富多彩。"

——韦恩·贝克,《社会资本制胜:如何挖掘个人与企业网络中的隐性资源》

(Josey-Bass,2000年版)

"通往舒适的道路拥挤不堪，而且也很少会给你带来舒适。具有讽刺意味的是，反而是那些追求不舒适的人能够让生命与众不同，并找到他们的落脚之地。"

——赛斯·高汀（Seth Godin），
《关键》（*Linchpin*）
（企鹅出版社，2010 年版）

伟大的联系人，本能地擅长与各种类型的人打交道。

如果你没有时间或兴趣成为一个联系人，你可以找出你圈子里的联系人……并尝试与他们联系。

基思·法拉奇（Keith Ferrazzi）在其关于人际网络的著作《**别独自用餐**》(***Never Eat Alone***) 中，花了一章的篇幅来论述如何"同联系人进行联系"。他的策略是：找出自己周围的联系人，并与他们建立关系。

法拉奇现在认识很多联系人。如果他某天早晨醒来，决定要成为一名大学音乐老师的话，他就会向他的联系人求助。

假定他们中的一个人认识另一个人，而这个人又认识另一个人，另一个人又认识另一个人，那么，不等你快速说完三次"保罗·里维尔"，法拉奇就已经在某个大学面试音乐教师的空缺职位了。

基思·法拉奇

我想借这个机会，告诉你一个我所见过的最不可思议的联系人的故事……他的名字叫史蒂夫·西格尔（Steve Siegel）。

史蒂夫·西格尔是纽约市——世界上最艰险的房地产竞技场上——的一个商业房地产经纪人。

史蒂夫·西格尔一直是行业中的佼佼者——每年都有几百万美元的佣金入账。事实上，史蒂夫是 2009 年世邦魏理仕（CBRE）的头号经纪人。世邦魏理仕在世界范围内，一共有 12000 名经纪人，他们个个都擅长于他们所从事的工作。

史蒂夫是一个极其朴素之人。他和社会、经济和文化等各个领域的人都有接触。他没有特定的舒适区。他和任何人在一起都感到舒适，他对所有人都充满好奇。

大约 15 年前，在一个鸡尾酒会上，史蒂夫向我伸出手，对我做了自我介绍。

"嘿,你好。我是史蒂夫·西格尔。"

"我是吉姆·兰德尔。我之前听说过你的名字。据说你是一个非常成功的房地产经纪人。"

"我一直很幸运,吉姆。可以说说你自己吗?"

我喜欢这个家伙。

**建设人际网络的
一个极好的方式是：
请求你所遇到的每一个人，
告诉你有关他自己的事情。**

史蒂夫继续问了我很多关于我的法律和房地产业务的问题。

他对我的兴趣看起来很真诚，在我们交谈时他很专注。

过了大约 10 分钟，他解释说，他应该去向主人问好了，并请我谅解。

但故事并没有

到此结束……

六个月后,史蒂夫给我打来了一个电话。

"吉姆,近来怎么样?
"那次鸡尾酒会以后一直没见到你。你在米尔福德港做的那笔买卖有结果了吗?"

值得注意的是,史蒂夫在谈话一开始,就询问六个月前我们见面时,我向他提到过的那笔买卖的事情。

这很重要。

那表示他一直在注意听我讲的话。

事实再次证明,他是个真实诚恳的家伙,在对我来说很重要的事情上,表现出极大的兴趣。六个月未曾谋面所产生的距离感,顷刻之间被我们刚才的谈话抹平了。

建议：

在第一次与人见面后的

24 小时内，

把你如何遇见他的、

他的工作情况，
以及你所了解到的

他的兴趣和家庭情况等

做成笔记。

史蒂夫接着告诉我他听到的一个小道消息：纽约的一家大公司有兴趣转移其总部。

他了解到那家公司的首席执行官名叫埃里克（Eric），家住康涅狄格州韦斯特波特市。他问我是否认识他。

"史蒂夫，其实我在几个月以前跟他见过30秒。他离开一个派对的时候，我正往里走。但我的确向他做了自我介绍，所以我认为他会记得我。"

"好的，如果他愿意聘请我帮助他的公司搬迁的话，那就太棒了。而且因为你是介绍人，所以我将付你一笔中介费。"

于是我决定试着联系埃里克。我找出他家的电话号码,并给他打了电话。

"你好,埃里克。我是吉姆·兰德尔。几个月前我在玛丽·琼斯家和你匆匆见了一面。那时你正往外走,我正往里走,我们都介绍了自己。

"埃里克,这是一个业务电话,所以如果你愿意的话,我可以打电话到你的办公室。"

"不,没关系。我记得我们见过面。告诉我你有什么事好了!"

"我的一个朋友是纽约市一名顶尖的房地产经纪人。他听说你的公司正在考虑搬迁,他让我把他介绍给你。

"如果你同意的话,我想安排我们三个人在本市聚一聚。"

埃里克建议我给他的助手打电话，跟他约好时间。

嗯，当然了，事情的进展并非总是如此顺利。他本可以轻松地把我打发掉，但也许是因为我们曾见过面……或者，因为我们在玛丽·琼斯家有共同的熟人……或者，因为我行动迅速又切中要害，所以他才同意了这次约会。

即使你只和某人见过 30 秒，

你也有机会同他建立起联系。

一个月后，我们在一起用了一小时的早餐。埃里克问了许多问题，但没有明确表态。

史蒂夫和埃里克交换了电子邮件地址后，我们都离开了。

四个月后,我接到史蒂夫打来的一个电话。

"你好……嘿,史蒂夫……你过得怎么样?那次我们同埃里克用过早餐后,就再没有联系过……你拿到那笔业务了吗?"

"吉姆,我们不仅拿到了那笔业务,而且就在昨天,我们还签署了一份委托协议,由我们把埃里克的公司迁入新址。这是一笔相当大的买卖。

"你想知道你的中介费是多少吗?"

我不知道史蒂夫所指的"相当大的买卖"到底有多大，但我想，我能得到 25000 美元的中介费用就很不错了。

"当然想知道。"

"75 万美元听起来怎么样？"

结果是，埃里克公司的搬迁成为纽约市当年最大的单笔交易之一。佣金为 500 万美元，而我的那份报酬为 75 万美元！

显然这种类型的交易实在是百年一遇，但它对我强调了建立一个广泛的人际网络是多么重要。即使我是美国最聪明的地产经纪人，假若我没有遇到过史蒂夫，也不曾认识埃里克，那么，我就绝不可能获得那样高的单位时间回报（每小时 75 万美元）。

当然，史蒂夫的表现也不赖。通过与我建立人际网络，他找到了通向埃里克的桥梁，继而从那里将几百万美元的佣金收入囊中。

认识正确的人

会给你带来财富。

"我靠同他人建立联系谋生,在此过程中,我交了很多朋友……还赚了一点点钱。"

——史蒂夫·西格尔

通过与人们建立联系,你不仅创造了商业机会,而且还迎来了新的生活体验。同时,你还可以结识许多了不起的朋友。

史蒂夫和埃里克现在都成了我的挚友。

人际网络不仅仅与商业有关。

人际网络是用来提升

人的深度和广度的。

因业务需要而开始发展的关系，

最终很可能变成个人友谊。

"在同他人建立联系的技巧方面,一个内在的真相是:那些真正长于此道的人不会故意去构建网络——他们只交朋友。正是他们对每个人的友善态度为他们赢得了仰慕者和他人的信任。影响范围的不断扩大是一个意想不到的结果,并非故意为之。"

——基思·法拉奇,
《别独自用餐》

(Doubleday 出版社,2005 年版)

现在……让我们
回到故事中来。

我邀请比利
打一场高尔夫球。

"打高尔夫球是个好主意,吉姆。谢谢你的邀请。"

"不用谢,比利。你找工作的事怎么样了?"

"嗯,按照你的建议,我建立了一个更广泛的联系人名单。其中最佳联系人是附近一所大学的一名历史老师。"

"嗯,这个开端不错。他那所大学开设音乐课吗?"

"是的,开设音乐课,但不缺人。"

"你这位好友有没有说过历史系缺不缺人?"

"哦,好吧……我们来讨论一下这个问题。"

"没有……但是你刚才说他是我的'好友'……我不认为我们的关系到了这种程度。"

比利不确定该怎么称呼他认识的这位历史系教师，他在琢磨他与这位老师之间的关系到底是什么性质。而这最终关系到他可以向他提出什么样的要求。

这就是我们接下来要讨论的话题：**社会资本**。

社会资本是你同另一个人之间的关系所具有的力量。

就像任何其他类型的资本一样，你所拥有的社会资本是有限的。

你必须经常思考，如何才能拥有更多的社会资本，在使用时也要明智慎重。

你与他人建立的每一段关系，都可以用社会资本来衡量。你同非常亲密的朋友之间建立的关系，其价值是难以估量的。至于你同其他每个人的关系的社会资本价值几何，取决于你同此人关系的长度和深度。

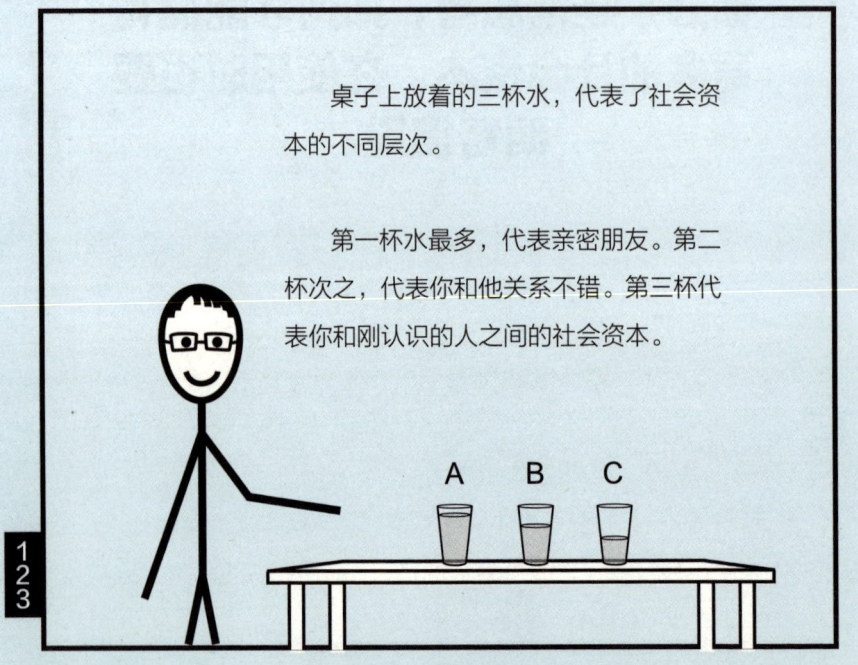

桌子上放着的三杯水，代表了社会资本的不同层次。

第一杯水最多，代表亲密朋友。第二杯次之，代表你和他关系不错。第三杯代表你和刚认识的人之间的社会资本。

A　B　C

就像玻璃杯中的水一样，社会资本的多少可增可减。

你可以通过建立人际网络创造社会资本。

你也可能失去社会资本。例如，你请一个你刚认识不久的人帮你一个大忙，如果此人觉得，为一个新结识的人做这件事很不自在，那么，你同此人之间的社会资本将会随即减少。

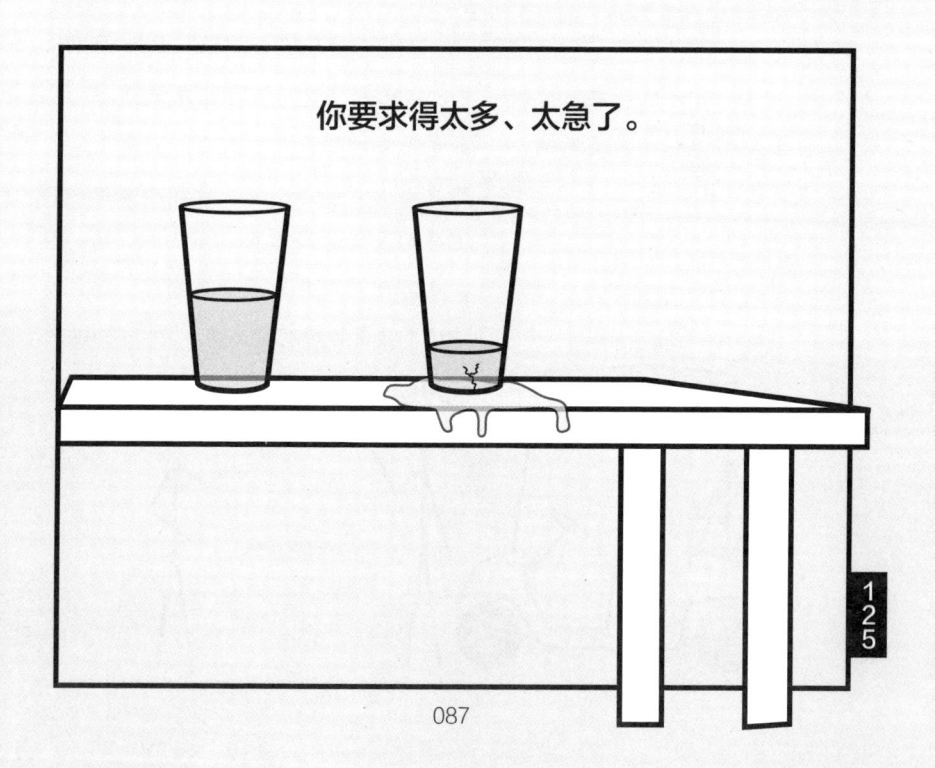

你要求得太多、太急了。

再回到比利那儿去。

"我跟历史系那家伙的关系如何,有什么要紧的?我想教的是音乐。"

"比利,有时人际网络就是把点点滴滴的联系串联起来。我知道你想进入音乐系,但也许你应该把这个切入点变得容易一点儿——从高中历史教师到大学音乐老师,也许这个转变的跨度太大了。"

“吉姆，你是建议我去应聘大学历史系教师这个职位吗？”
“嗯，我还没有想好。但是，我的确认为，有时候需要一步一步来。”

128

“但是吉姆，我厌倦了教历史。”
“嘿，比利，这规矩不是我定的。你是一位历史教师，没有音乐教学经验，你的简历上没有这一条。
“如果你是大学音乐系主任，你会聘用你自己吗？”

129

这一点我不愿再啰唆，因为这与人际网络毫不相干。

尽管我相信，一个人总是应该不断地寻求新的挑战，使他自身得到发展，但现实主义却不得不成为这个等式的另一边。比利有可能成为世界上最伟大的人际网络运作者，但是目前，他想要去大学音乐系谋职一事却是水中月、镜中花。

然而，先去大学历史系教书可能是个不错的过渡，可为他下一步进入音乐系创造条件。

"我明白你的意思,吉姆。但事实是,我和我提到过的那位历史老师只是点头之交而已。如果历史系里有空缺的话,你觉得我应该怎样请他帮忙呢?"

"我不敢肯定,比利。但是,我可以再给你讲一些关于社会资本的知识。"

下面是你可以合理地请求另一个人为你做的事，在某种程度上，这取决于你同此人之间的社会资本的多少。

我觉得比利可以在以下几方面，请他的这位历史老师熟人帮忙（由简单到复杂）：

1

帮助比利了解一下历史系员工的雇佣程序。

2

在听说有空缺的时候，通知比利。

3

把比利介绍给该系负责招聘的人员。

4

在职位有空缺时，给比利写一封推荐信。

5

给招聘委员会的人士打个电话，支持比利申请这个职位。

"比利，熟练运用社会资本，是获得成功不可或缺的重要一环。你不能害怕向别人求助，但是你也不能超越别人可以帮助你的合理极限。当然，这并不是一门精确的科学。

"你为什么不查一下将来还有或可能有什么空缺职位呢？然后，咱们再接着讨论。"

"嗯，好主意。"

我的社会资本准则

1

总是考虑你的要求是否超过了你同某人之间所拥有的社会资本。

2

建立关系,从而增加你的社会资本。

3

不要对任何事情想当然。你可能认为你的要求应该没什么大不了的,但要小心谨慎,因为你不了解对方的情况。

4

要注意,不要失去社会资本。因为一旦你所提要求的频度和性质超过限度,就会导致厌恶感的产生。

5

你所拥有的社会资本永远不会嫌多——比你联系人的数量更重要的,也许是你人际网络中的社会资本的多少。

人际网络的重点不在于有多少人知道你的姓名，或者有多少人愿意接你的电话。**关键是在你求助的时候，有多少人愿意帮助你。**

许多人往往把认识某个人，和真正与某人建立了互惠互利的关系混为一谈。

你所认识的每一个人都会面临别人对他提出的各种要求。每天我们都必须对这些不同的要求做出决定。当你向别人求助时——无论是什么要求——那个人必须对这些互相竞争的要求做出决定，到底要满足哪些要求。

建立人际网络的目标就是让尽可能多的人——在他需要对所面临的各种要求做出决定时——去尽他们的最大能力来帮助你。

"如果你认识的人很多,却没有人能够帮助你,那么,你的联系人再多也是在浪费时间。反过来说,如果你能很好地让你的关系网成员在你需要的时候做出回应,你就不需要有一个多大的通讯簿。只要双方协调一致、共同努力,实际上没有什么事情是你不能实现的。"

——莉兹·林奇(Liz Lynch),
《聪明的人际网络》(Smart Networking)
(麦格劳·希尔出版社,2009年版)

我对有关寻求别人帮助的思考

我的确相信大多数人都想帮助别人。但因为我不知道我的请求会不会影响别人,所以**我不会假设**我有这个社会资本去寻求帮助。相反,我对自己说:

我要请这个人帮我一个忙,而这件事情对她来说,做起来可能比较困难。

我应该怎么让她明白,帮助我就是帮助她自己呢?

让我给你们举个例子。

最近，我给一位我认识的女士打了个电话，她是一家大公司的董事。我想让她把我介绍给这家公司的首席执行官。

我完全不知道这个要求对这位女士来说是否是一件很难办的事情。也许，她正因为某种个人原因躲着 CEO，不愿意同他接触呢？谁知道呢！所以，我假定我的要求并不是个简单的问题。

下面是我的原话：

"嘿，苏。我想请你帮个忙。

"我有一个大项目，我很想引起你们公司首席执行官的注意，听说你跟他关系不错，如果你能帮我引见一下，我将不胜感激。

"当然，如果你觉得不太方便的话**也没有关系**。这么多年来，我们一直都互相帮助——我相信，今后我们会一如既往地这样做——所以，如果今天这个事让你为难的话，请千万不要放在心上。"

让我们来分析一下我的要求

1

我开门见山,直奔主题。

2

我预先表达了感谢("将不胜感激")。

3

我给了她一个台阶下——没有人愿意被迫做某事。

4

我提醒她,过去我也帮助过她。

5

我提出,将来我仍会帮助她。

结果是，她很高兴能帮助我。

我通过一种并不预设她会帮忙的方式，增加了她**想要**帮忙的可能性，而实际上她是真心实意地想帮忙。

好的，关于社会资本，我还有一点要说明。

高效的人际网络建设者在帮助别人的时候，往往没有任何保证甚或预期能够得到回报。

伟大的人际网络建设者终生都在建设他们的社会资本——帮助任何一个他们能够帮助的人。

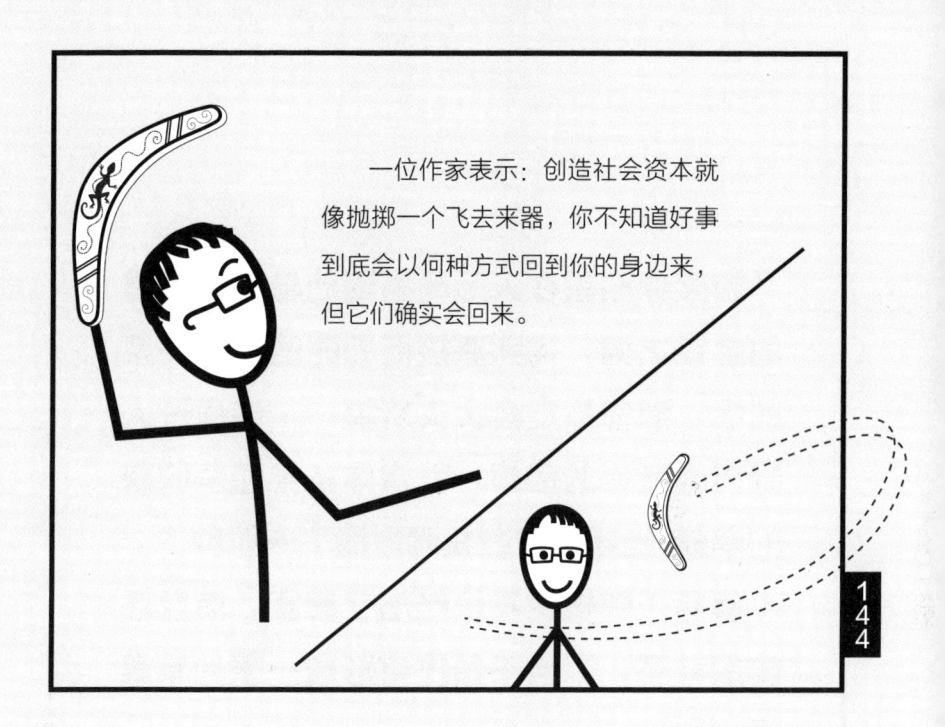

一位作家表示：创造社会资本就像抛掷一个飞去来器，你不知道好事到底会以何种方式回到你的身边来，但它们确实会回来。

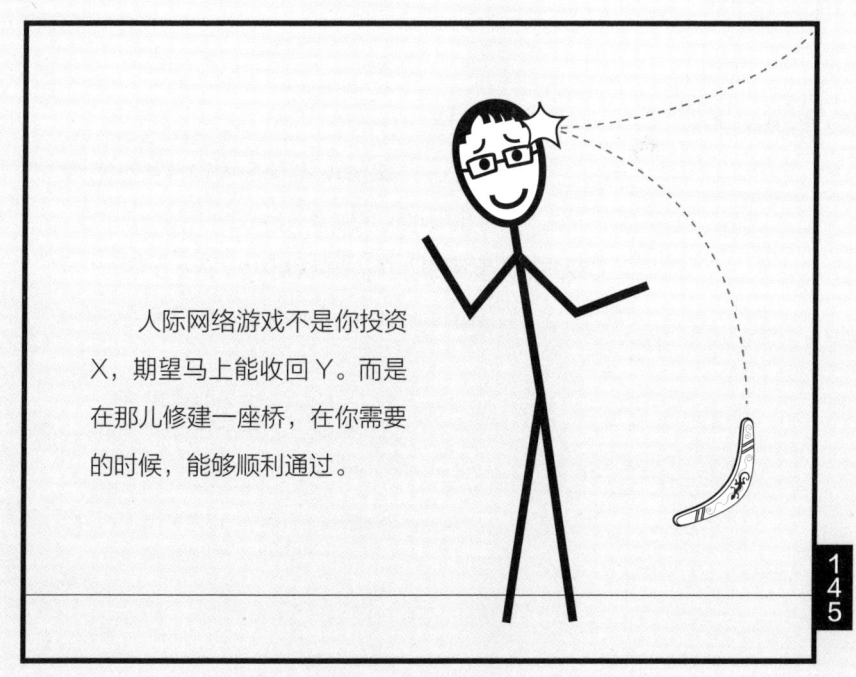

人际网络游戏不是你投资 X，期望马上能收回 Y。而是在那儿修建一座桥，在你需要的时候，能够顺利通过。

"如果你期望在人际网络活动与你所赚得的金钱之间，找到直接而即时的相互关系的话，那你肯定会大失所望……你通过人际网络获得的回报，就像你从果园里收获的苹果,当初你只在果园里播下一粒种子。（最后）那棵树不仅结出了果实，而且还传播种子，以至于最终将形成一整片苹果园。"

——米斯纳、亚历山大和希利亚德
(Misner, Alexander & Hilliard），
《专业的人际网络》*(Networking Like a Pro)*
(Entrepreneur 出版社,2009 年版）

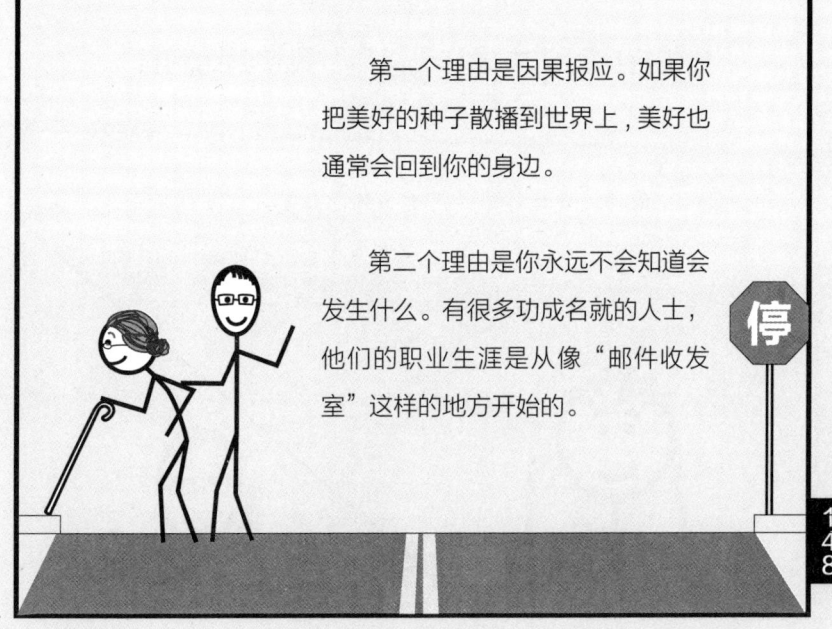

如果你想成为一个伟大的人际网络建设者（和一个好人），那就友善和恭敬地对待与你相遇的每一个人吧……而不要只对那些可以为你做事的重要人物才这样。

第一个理由是因果报应。如果你把美好的种子散播到世界上，美好也通常会回到你的身边。

第二个理由是你永远不会知道会发生什么。有很多功成名就的人士，他们的职业生涯是从像"邮件收发室"这样的地方开始的。

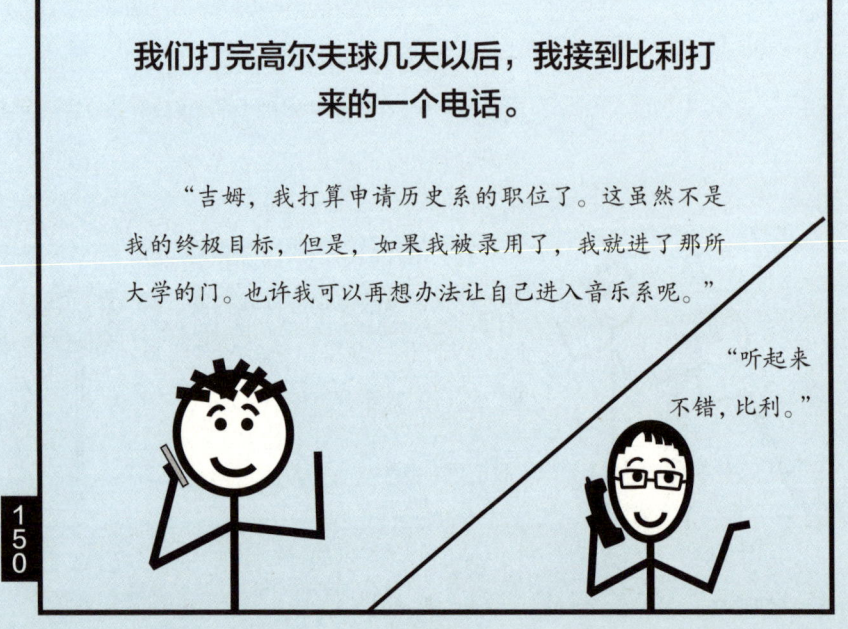

"谢谢你，年轻人。如果你现在再碰我一下，我就要叫警察了！"

我们打完高尔夫球几天以后，我接到比利打来的一个电话。

"吉姆，我打算申请历史系的职位了。这虽然不是我的终极目标，但是，如果我被录用了，我就进了那所大学的门。也许我可以再想办法让自己进入音乐系呢。"

"听起来不错，比利。"

从你所在的地方到你的目的地的道路，有时候是笔直的，有时候是曲折的。

所有的途径，你都要去探索。

人际网络建设得越好，就有越多的道路需要你去探索。

151

那天晚上

谁在给我发短信?

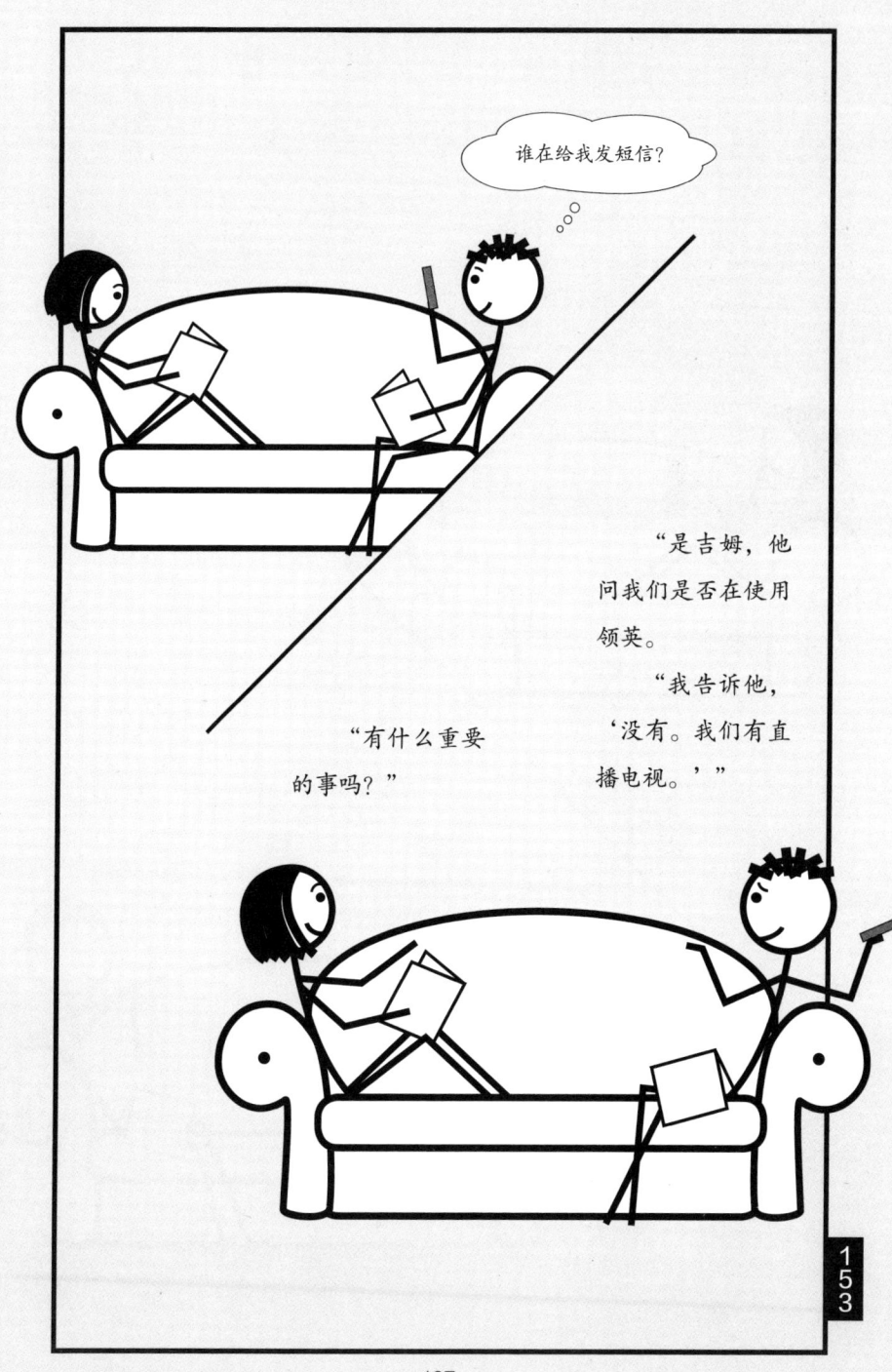

"是吉姆,他问我们是否在使用领英。

"我告诉他,'没有。我们有直播电视。'"

"有什么重要的事吗?"

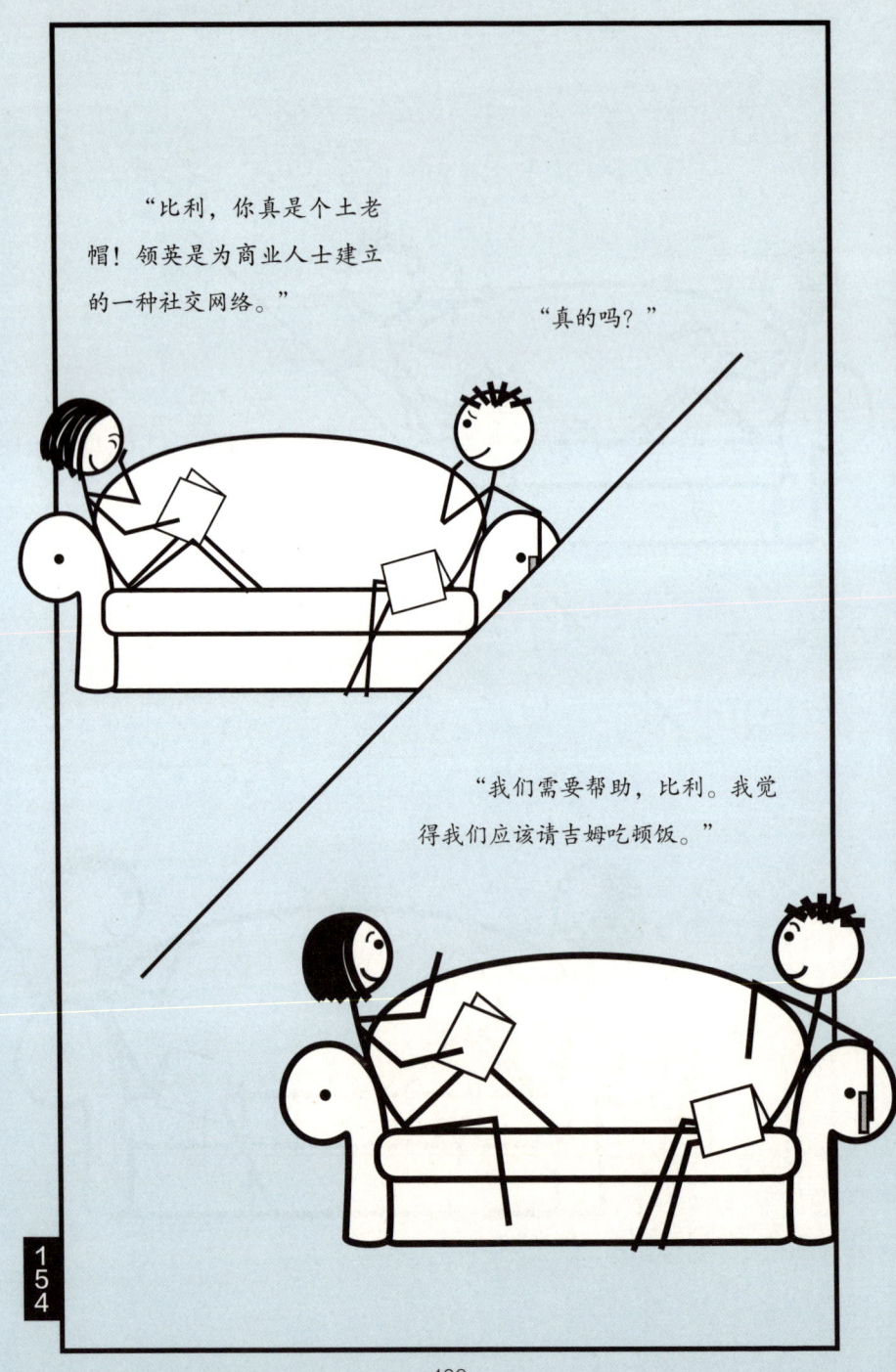

"比利,你真是个土老帽!领英是为商业人士建立的一种社交网络。"

"真的吗?"

"我们需要帮助,比利。我觉得我们应该请吉姆吃顿饭。"

在比利和贝丝家吃晚餐

"吉姆,比利跟我讲了很多关于你的事情,对你的帮助我们十分感激。你能给我们指导一下怎么使用领英吗?"

"我很愿意效劳。"

领英是一种社交网络，它和脸谱网不同，它的主要用途是商业。它是职场社交平台中规模最大的一个，当然还有其他类似的网站。

　　领英建议你创建一份个人档案，也就是对你自己的描述，然后邀请你认识的人成为你的直接联系人。当你把关于你的信息发上去以后，你的直接联系人就会收到通知。

　　此外，也是很重要的一点，就是你可以了解到你的直接联系人的直接联系人。

　　让我给你们举个例子。

假设比利有 10 个直接联系人，而我就是他们当中的一个。假设我也有 10 个直接联系人，当我接受了比利的邀请，成为他的直接联系人以后，他就可以看到我的直接联系人的简介了。假设比利的其他 9 个直接联系人也都有 10 个联系人，那么，现在比利的扩展网络中就有 100 个新的成员可以帮助他了。

"我仍然有些疑惑，吉姆。"

第一排是比利的一级链接或称直接联系人。他们每个人又都有 10 个他们自己的直接联系。商务人际关系网允许比利查看他的直接联系人的直接联系人的简介。

所以，如果比利看到在二级链接中有他认为能够帮助他的人，他就可以要求他的直接联系人为其做一个介绍。

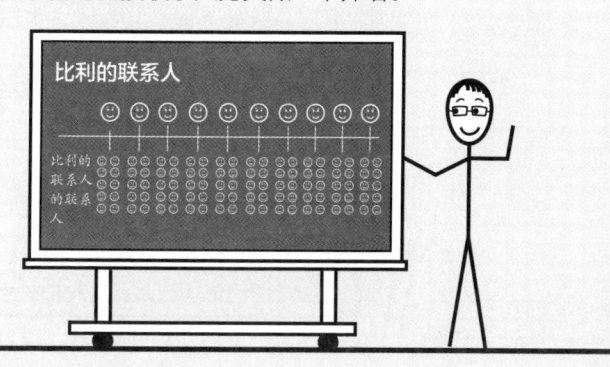

"这样一来,比利就扩展了他的人际网络。虽然他本人并不认识二级链接中的任何人,他却可以利用他在一级链接中的关系同二级链接中的人进行联系。"

"嗯,因加入领英而获得成功的故事不少。通过领英,人们找到了工作、投资者、顾客,满足了其他重要的业务需求。在我看来,它可能是一个很有用的工具,它可以帮助你从其他人中寻找和接近可以帮助你的人。"

"我想我听明白了。领英真的能帮助我们吗?"

领英的重点是要帮助你扩展你的人际网络。当然，除此之外，类似的网站还有很多。

下面就有一些：

兴趣／地址相似的人们相连接的网站：
www.netparty.com

背景相似的人们相连接的网站：
www.alumni.cornell.edu

有特殊需要的人们相连接的网站：
www.domystuff.com

观点类似的人们相连接的网站：
www.cure2.com

成功的人际网络建设者

利用所有的资源，

包括线上的和线下的，

以便寻找他们需要的联系人。

晚饭后

"贝丝,你是怎么建立你的人际网络的?"

"很不幸的是,吉姆,我没那么在行。在别人面前,我总是感到非常拘谨。问题是,要想发展我的职业生涯——商业法律,我就得发展客户。也就是通常所说的关系网。"

"你为什么会感到拘谨呢,贝丝……你擅长你所做的工作吗?"

"是的,吉姆。我对我的客户非常尽职。"

"我确信你是个称职的律师……贝丝,其实建立人际网络的方式有很多。你不必像某些人那样总是不断把自己介绍给别人。

"但你也要知道,如果别人不知道你是做什么的,他们就不会寻求你的服务。"

"我知道,吉姆。但是我不喜欢要求人们为我做什么。当我推销自己,或者通过一种商业方式同别人接触的时候,我总觉得自己像一个募捐者。我感觉有点难为情。"

"贝丝,同别人建立联系又不会招致反感的方法有很多。"

"您有什么建议吗?"

"哎呀，贝丝，我几乎对一切事情都有所建议。

"就像我妻子说我的那样：'即使有时错误百出，也从不心存疑虑。'"

"我相信你的妻子是在开玩笑……无论如何，我对你可能提的任何建议都很感兴趣。"

"贝丝,我认为,为赢得商机而建立人际网络的最好的方式——对你来说是寻找客户群——就是想办法使你自己和那些有一天可能会需要你的服务的人处于一种非商业状态下。"

"我已经开始参加我的社区活动了,吉姆。事实上,我还是一名紧急医疗救护(EMT)志愿者呢。"

"贝丝,我为你成为一名紧急医疗救护志愿者而喝彩,但我不认为这对你的法律专业来说,是个非常有效的人际关系网络。"

"难道它不是吗?"

"嗯，贝丝，不仅有人际网络，而且还有智能人际网络。

　　"如果你想成为一名紧急医疗救护员，而且你认为那是你应该做的事情的话，那很棒。但是，如果你认为那是一种很好的方式，有利于你为自己的法律业务积累客户的话，我却不敢苟同。我不认为你现在所遇到的人对商务活动感兴趣。将名片分发给那些意外事故受害者，很可能是在浪费时间。"

170

"有效的人际网络并非简单地与很多人见面。当然也不是看你可以在 90 分钟的时间内，分发出多少张名片。更重要的是，它是在正确的时间，为了正确的理由，去会见那些正确的人。"

——伊万·米斯纳和米歇尔·多诺万，
《29%的解决方案》
（Greenleaf 出版社，2008 年版）

"贝丝,如果现在你决定把你的专业改变为诉讼——对人们提起诉讼的话,去做一名紧急医疗救护志愿者就可能有用。"

"吉姆,我不是一个唯利是图的律师。"

"我只是开个玩笑,贝丝。

"因为我认为,寻求你服务的人应该是银行家、经纪人和企业家,所以我觉得,也许你应该加入这些人参加的组织。"

"有道理。我会想办法加入这些组织的。但是,我不是非常外向的那种人,所以我想,也许我应该动笔写一下我的专业知识。或许开一个博客,作为一种推销自己的方式。"

"好主意，贝丝。"

人际网络就是用来扩大自己的影响的。

要做到这一点，方法之一是通过写作和讲述你的专业知识，来提高你的知名度。例如，如果你成为一个受人尊敬的博客写手，或者你的电子邮件或专栏吸引了大批读者，你实际上也是在跟人"交往"。

人际网络引力

当人们知道了你，他们就会去寻找你。一个人际网络专家称之为"人际网络引力"，指的就是人们**被你吸引**的过程（同你主动出击结识别人相对比）。

"当我刚开始创业的时候,我对多久才能建立起人际网络感到沮丧……我认为我必须寻找一个更好的方法来利用我的时间,以便使我的努力获得巨大的突破。我怎么才能不费气力地建立起一个智能化的人际网络呢?

"我的咨询管理客户问我的问题,也是我问自己的……'因为我们不能同时把精力集中于所有事情,有什么最好的方法来配置我们有限的时间、人力和财力资源来达成我们的目标呢?'

"不要只把注意力集中在建设你的人际网络上,而是要同时集中在打造你的人际网络引力上。人际网络引力是一种自动将人们吸引到你的世界的力量,而这些人在与你建立互惠关系方面都有着巨大的潜力。"

——莉兹·林奇,《聪明的人际网络》

(麦格劳·希尔出版社,2009年版)

我认为下列事情可以帮助你提高人际网络引力：

1

公开写作或谈论你的专业知识。

2

做一些惊天动地的大事，让人们谈论你。

3

把你的成功故事讲给人们听——不要自吹自擂。

4

研究公共关系事务——寻求媒体的报道或接受其采访。

5

让别人向你推荐潜在的客户。

**当人们被你吸引过来的时候，
人际网络引力就产生了。**

**"一对一"地去吸引
这群人是很难的。**

**创造条件让他们来寻找你，
这才更有战略意义。**

有时候别人会帮助你建立人际网络。当你在你的领域里做出了成绩,人们就会谈论你。

换句话说,卓越本身就是一种构建人际网络的方式。

让我给你讲一下文斯·隆巴迪(Vince Lombardi)的故事吧,他可是我心目中的英雄人物,他的故事可以证明我的观点。

隆巴迪是进入名人堂的一名橄榄球教练,他是有史以来最伟大的橄榄球教练之一。

但是,在 1937 年大学毕业以后,他根本不知道自己该做什么。他试着开过公司,还读过法学院,但两者他都放弃了。

直到有一天，一位高中橄榄球教练想找一名优秀的助理教练，就问他的一个朋友是否认识这样的人。

这个朋友就介绍了他大学时的队友隆巴迪。

"但是，我还以为他去做神职人员了呢。"高中教练说。

"不，他现在什么事也没在做。"他的朋友说。

于是，教练给隆巴迪打了电话。

其他的都是陈年往事了。

推荐隆巴迪的那个人记得，他是一个勤奋的运动员……和一个真正的竞争者。

于是他推荐隆巴迪做了助理教练。换句话说，是隆巴迪的职业道德感召别人去为他建立了"人际网络"。

关于人际网络引力，我还有一点要说明——你将人们吸引过去的过程。

你的引力的力量取决于你的信息的频率。

仅仅写一篇文章或做几场演讲是不够的。为了使人际网络的力量发挥到极致，你必须无所不在。如果你所做的事情是写作和演讲，就尽量去做。如果你是一个伟大的"演讲者"，那么，你就到尽可能多的地方去演讲。

我所认识的最好的人际网络建设者之一是我所在区域的一个传奇人物。他似乎每时每刻都无处不在。

一个星期天的早上，我的一个朋友告诉我，昨天晚上，他同这位"传奇人物"在一场曲棍球比赛上进行了交谈。

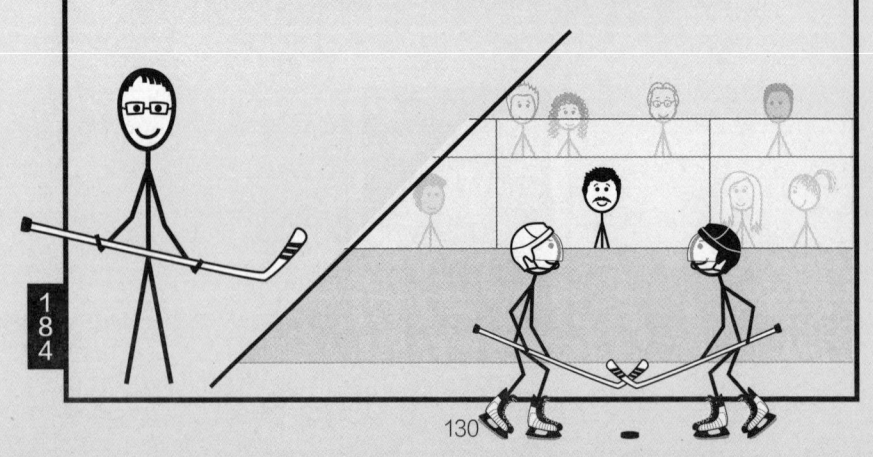

同一个星期天的早上，另一个朋友也告诉我，昨天晚上，他同这位"传奇人物"在一场篮球比赛上进行了交谈。"嗯？"我颇感奇怪。

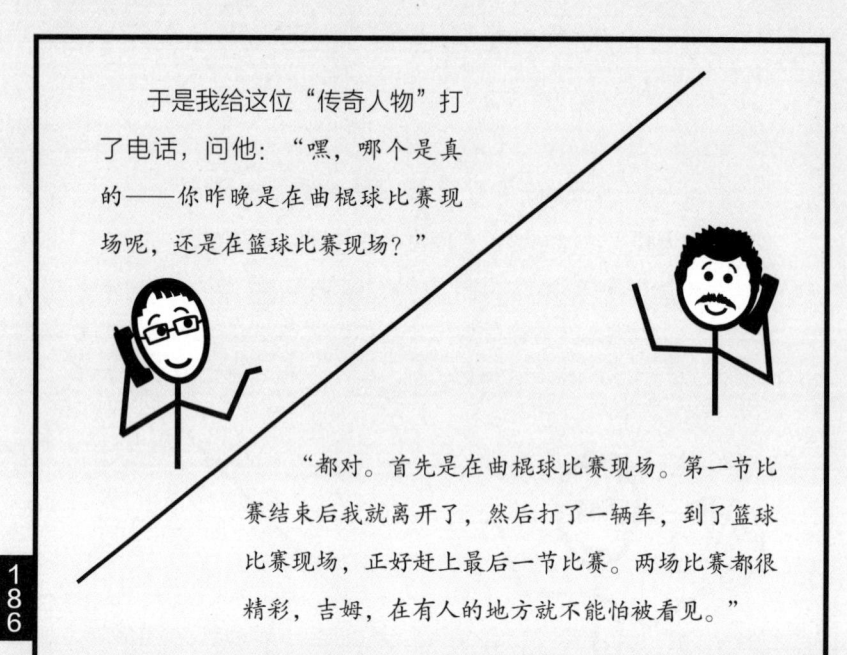

于是我给这位"传奇人物"打了电话，问他："嘿，哪个是真的——你昨晚是在曲棍球比赛现场呢，还是在篮球比赛现场？"

"都对。首先是在曲棍球比赛现场。第一节比赛结束后我就离开了，然后打了一辆车，到了篮球比赛现场，正好赶上最后一节比赛。两场比赛都很精彩，吉姆，在有人的地方就不能怕被看见。"

正如你可能猜到的那样，这位"传奇人物"是一个成功的商业人士。

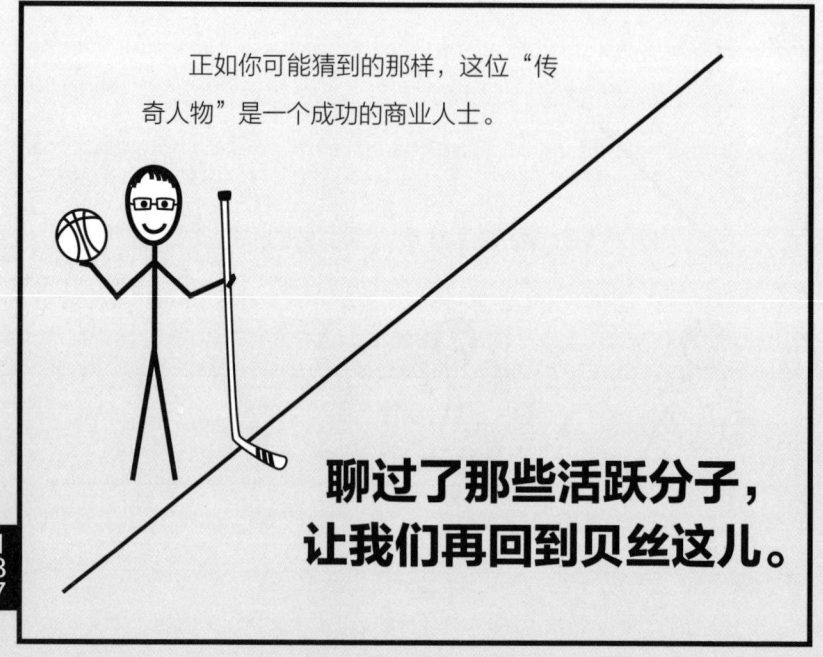

聊过了那些活跃分子，让我们再回到贝丝这儿。

"哇！那位传奇的家伙还是一个正儿八经的人际网络建设者呢。

"顺便问一下，烤牛肉味道怎么样？"

"好极了，贝丝……真的太好了。"

贝丝做的烤牛肉实际上有点咸。但是，那又怎样呢？她邀请我过来，我已经很高兴了。

并且现在——像大多数人都会做的那样——我非常想要报答她。

邀请可以创造出一种互惠的感情。

当有人为你做了点什么时，你通常也会渴望为他做点什么作为回报。

聪明的人际网络建设者最擅长利用邀请建立关系。

快速推进 30 天，

比利已经有了好消息。

"嘿，比利，这真是个好消息！我真为你感到高兴……是的，当然。

"我明天可以同你见面。

"到时候见。"

比利打电话告诉我，他得到一份在那所大学历史系做助教的工作。我为他感到高兴。顺便说一句，这本书不是神话故事……比利对于这个职位是相当胜任的，尽管他在该系有一个熟人，但那或许无伤大雅。

我感到有点好奇，比利为什么想见我？

我当然期待着与他见面，但我感觉我的胃有点不太舒服。

第二天

"吉姆,我在考虑你说过的一件事,就是在有了明确需要时,要找一个联系人来帮忙。"

"是的,我说过的,比利。"

"那好,吉姆,我只是想再确认一下。
"你看,我一直在这所大学里逛来逛去,我发现明年音乐系可能会扩大。我甚至知道了负责扩招的那位女士的名字。我要想办法见到她。"

呃哦

"我自己试着联系她,但她还没有回应。我想,如果有人能把我介绍给她,她肯定会见我的。

"你是我认识的人际网络最发达的人,吉姆。我希望你能帮我。"

呃哦[2]

比利肯定是在和我摊牌。现在该轮到我了，或者张口，或者闭嘴。我告诉比利，帮助别人是我的信条。我一直在致力于帮助别人，而且是在没有任何特定互惠的条件下，就像这种情况。

"我甚至已经为你做好了准备工作，吉姆。我需要见的那位女士毕业于纽约大学。她未婚时的姓名是谢丽·贝伊（Sherry Baye）。她和你的妻子卡罗尔是同一时间从纽约大学毕业的。"

"哇，比利，你太让我印象深刻了。这么说，你是要我问问我的妻子，她是否认识一位叫谢丽·贝伊的女士，如果她认识的话，就让她来给你做个引见，是吗？"

199

“吉姆，你真是个伟大的老师！”
为什么好心总是没有好报呢？

200

“亲爱的，请问你认识一位名叫谢丽·贝伊的女士吗？”
“名字听起来很熟……你问这个做什么？”

"嗯，只是想帮朋友一个忙。"

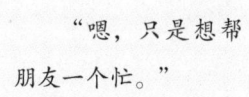

"吉米·兰德尔，你是不是又在自找麻烦了？跳到别人的生活里，把你关于人际网络或其他什么一时流行的理论灌输给人家。"

"嗯，有点……有点……嗯，我想你可以这么说。"

"你会听我的吗？

"顺便说句，就知道你会屡教不改。

"让我想想看……谢丽·贝伊……谢丽·贝伊。"

"她和你是同一时间从纽约大学毕业的。"

"啊,是的……我的确记得有个叫谢丽·贝伊的……她非常聪明。我记得她是音乐系的。但是,如果她就是你说的那个人的话,我已经20年没和她联系了。你不会是要让我去和她联系吧?"

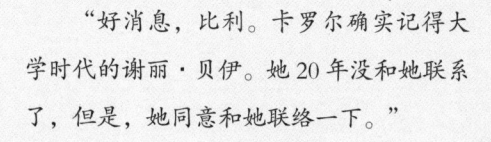

"好消息，比利。卡罗尔确实记得大学时代的谢丽·贝伊。她20年没和她联系了，但是，她同意和她联络一下。"

"吉姆，请一定转告卡罗尔，我是多么感激她。告诉她，虽然我们从未见过面，但在我心里，她将是我一辈子的朋友。告诉她，我随时准备以任何方式来报答她。"

因此，这就是我们面临的情况：

比利需要有人把他介绍给谢丽·贝伊。卡罗尔20年前跟谢丽·贝伊是大学同学。但卡罗尔在向谢丽求助这个问题上，感到有些为难。

虽然这不是严格意义上的冷电话，但是，在过了20年后，突然给谢丽打电话或者发电子邮件，卡罗尔对此感到不自在是可以理解的。

让我们来谈谈打冷电话的事。

打冷电话是很棘手的。同一个你不认识的（或很久没联系过的）人，或者没有经过别人介绍的人进行联系，可能是很困难的。

然而，那却是一个伟大的人际网络建设者生活的一部分。

我是为了视觉效果而发抖。在你看着我的时候，你不觉得有点儿冷飕飕的感觉吗？

问题是，有些人在不得不打冷电话的时候，确实会有点儿发抖。陌生电话的确很可怕。

让我们把比喻放远一点，要成为一个伟大的人际网络建设者，有时你必须成为破冰者。你会不时地需要开始新关系，并同不熟悉的人，或者没有经过介绍的人打交道。

那会让人感到害怕，因为我们对被拒绝都有一种原始的恐惧。

有时我不得不同从未接触过或介绍过的人打交道。有时结果很好,有时则不然。但是,那又怎么样呢?还没有人朝我开过枪,也没有人向我大声尖叫,让我滚开。

如何同陌生人建立联系是一门艺术。以下是我对如何同陌生人建立联系提的 10 条建议,我准备把它送给卡罗尔。也许会对她思考该如何与谢丽·贝伊联系有所帮助。

我同陌生人建立关系的原则

1

如果打电话,则应预先排练一下。如果写电子邮件,则应反复阅读修改。

2

写电子邮件比打电话要好。

3

要直接明了,说清楚见面的原因。

4

说明见面会谈如何能使双方都受益。

5

如果可能的话,提一个双方都知道的事物(人或地点)。

6

要说明具体需要多少时间(越具体越好)。

7

要在见面的时间、地点和方式上表明灵活性。

8

在合适的情况下,奉承对方几句。("多年来,我一直很钦佩你的工作。")

9

预先表达你的感激之情。

10

如果第一次没有成功(没有得到回应),再试一次。

假设你的冷电话取得了成功，你获得了一次见面的机会，这第一次约会将是至关重要的。

下面是我对第一次会面提出的 10 条原则。

1
做你自己。

2
不谈家庭私事。

3
握手要坚定有力,但不要把指关节弄得咔咔作响。

4
保持目光接触,但不要紧盯不放。

5
倾听,倾听,还是倾听。

我想在这儿停一下，跟你谈谈倾听的艺术。

真诚而专注地倾听是赢得别人好感的最有力的技巧。在戴尔·卡耐基（Dale Carnegie）的伟大著作《**如何赢得朋友并影响他人**》①（*How to Win Friends and Influence People*）中，他谈到了倾听的艺术，并引述了一个曾见过西格蒙德·弗洛伊德的人的话：

"我从未见过谁的注意力如此集中。这与那种目光锐利的'穿透灵魂的凝视'毫无关系。他的目光温和恬静。他的声音低沉轻柔。他的手势也不多。但是他对我的注意和对我话语的欣赏……**你根本不知道被那样聆听究竟意味着什么。**"

---

① 中文引进版多译为《人性的弱点》。——编者注

更多有关第一次会面的原则：

6

表现出活力——不是挥动胳膊，而是一种沉静的力量。

7

即使你感到疲倦、焦虑或痛苦，也要表现得积极活跃。

8

模仿对方的言辞、节奏和身体语言。

9

约定下一次见面的内容或时间。

10

离开时要表现得愉快友好——"同你见面真是太高兴了。"

既然我们对打冷电话

感到更自在了，

就让我们回头看一下

卡罗尔的情况吧。

"那我该怎么对她说?'嘿,谢丽,一晃已经过了 20 年了,我还记得有一次你借了我的围巾……嗯,你一直都没有把它还给我。'"

"亲爱的,诚实总是上策。发一封电子邮件如何?"

> 你好,谢丽……我是卡罗尔·奥尔森。希望你还记得在纽约大学同窗时的我——我长着卷曲的红发,我们在卡门大厅那儿见过面。
>
> 真的很抱歉,经过了这么长时间,现在才和你联系。我找你是想请你帮我一个忙。
>
> 我丈夫的一个朋友非常想见你。他在大学教历史,而你是该大学音乐系的主任。他是个不错的小伙子,他只想占用你 10 分钟的时间。我希望你能见见他。
>
> 谢谢。20 多年没见了,不好意思打扰了你的生活。
>
> 你热忱的
卡罗尔

"很好，听起来很明智。可是我想：谢丽会不会认为我是个无赖啊……你为什么不去找一份真正的工作呢，比如管道工或政治家？"

"噢，亲爱的，你真会开玩笑。我不是有一份真正的工作吗……我是个人生导师，是一名教师，还是个自我提升代言人。"

"不，不。你是一个好管闲事的讨厌鬼。"

当然了，我能理解卡罗尔的感受。

但是，比利已经开口求助了，而且我也告诉过他，好的人际网络建设者是乐于助人的。

卡罗尔终于鼓足勇气，给谢丽·贝伊发了一封电子邮件。

幸运的是，这封邮件收到了很好的效果。

当比利最初试图和谢丽·贝伊联络时,她正好非常忙。所以,她顾不上回他的电子邮件。但是当她收到卡罗尔的邮件时,已经没有那么忙了。

谢丽回忆起了她与卡罗尔在一起时的美好时光。事实上,她还记得她一直没有归还卡罗尔的围巾。

尽管谢丽在任何情况下最终都会会见比利,但卡罗尔的电子邮件写得正是时候。卡罗尔和谢丽约定,准备过几周一同去喝咖啡。

比利获得了同谢丽见面的机会。

比利对于卡罗尔的
帮助非常感激，

他邀请吉姆和卡罗尔
去当地一家餐厅用餐。

"卡罗尔,我真的非常感谢你帮我同谢丽·贝伊见了面。"

"不用客气,比利。"

"她真是一位可爱的女士。我们见面谈了 15 分钟,她向我介绍了目前音乐系的情况。她说大约六个月后,那里可能要招聘一个初级职位,我可以去试试。我太高兴了。"

"你呢?贝丝……你的人际网络建设得怎么样了?"

"嗯,吉姆,按照你的建议,我已经开始让自己进入那些需要法律服务之人的圈子中。

"目前还没有多少回报,但是我的确发现这个方法好处很多。"

"我能帮什么忙吗?"

"没有，除非你在纽约职业女性理事会里有熟人。那是一个相当有名望的组织，但需要有熟人才能进去。"

"职业女性理事会……"

"等等，等等……卡罗尔，你是否认识……"

呃哦[10]

别担心，卡罗尔没生我的气……太久时间。她很高兴把贝丝介绍给她的第三代表亲——职业女性理事会的一名成员。

事情的结局很不错：

1

有了谢丽·贝伊的帮助，而且由于比利已经在这所大学任教，他可以得到音乐系的一个低级职位。虽说他目前仍在教历史，但他有机会在音乐系发挥自己的作用了。

2

在卡罗尔的第三代表亲的帮助下，贝丝得以进入纽约职业女性理事会。此举以及其他人际网络方面的努力，帮她扩大了自己的客户基础。

3

我向卡罗尔保证：此后 30 天内，我不再打扰别人的生活。

我希望你会喜欢我们的故事。当然，比利和贝丝的努力，对**你**想要达到的目标来说，只是个比喻而已。他们的故事只是给你提供一些借鉴，你自己要走的道路可能迥然不同。但无论你追求的是什么，人际网络的策略却是恒定不变的。

谢谢你花时间阅读本书……就像我们在其他所有的书籍里所做的一样，我想把你需要牢记的有关人际网络建设的 10 条建议总结如下。

第一条
使人际网络建设
成为你经营策略的重要组成部分。

很多成功人士把他们的成就归结于他们的人际网络中联系人的数量和多样性。

我们大多数人只是在方便的时候才去建设人际网络。而更好的做法是，使人际网络建设成为你日常工作的一部分。一些专家建议，你一周至少应该花 5~10 小时来建设你的人际网络。

第二条
**在你有特别需要的时候,
着手与朋友和家人联系。**

尽管你可能认为,你已经知道你最亲密的朋友和家人认识谁了,但请不要做任何假设。

记住鲍勃·比汀的理论——你认识的某个人,可能正好认识你想要联系的那个人。

第三条
在你请别人帮忙的时候，
一定要把你要做的事情讲得具体、清楚。

　　如果你不把你想要做的事情讲具体、讲清楚，人们就没法帮助你。

第四条
走出你的舒适区。

你的人际网络的力量不仅是以人数多寡来衡量的，还要看这些人的多样性。

如果你不走出自己的舒适区，拓展自己的交际范围，善于接受多方建议，那么，你创建的人际网络里，可能人人都和你大同小异。这类人际网络就远远比不上由不同观点、职业和背景的联系人组成的网络有力量。

第五条
寻找联系人并和他们结为密友。

　　联系人（想想史蒂夫·西格尔）认识许许多多的人。如果他们喜爱并信任你，那么，在你需要帮助的时候，在你需要联系某个人的时候，他们就会成为你强大的资源。而且联系人还会认识别的联系人。因此，通过找到当代的保罗·里维尔并和他交往，你就更有可能找到可以帮助你的人。

第六条
把互联网
当作一个超级强大的联系人。

像脸谱网和领英这样的网站,可以发挥类似联系人的一些功能。

在这些网站上,你可以找到的人,比你实际认识的要多得多。

第七条
不要假设人们会仅仅出于友好来帮助你。要给他们一个帮助你的理由。

在你的生活中，有些人无论如何都会帮助你。另外一些人帮助你则需要有一个理由……而那个理由通常无一例外地是对如下问题的回答："我能从中得到什么好处？"

如果你想从其他人那里获得最大的帮助，你必须向他们表明，你深谙互惠互利原则，并且他今天对你的帮助必将换来日后你对他的回报。

第八条
先付出后获得。

伟大的人际网络建设者深知,建设广泛和强大的人际网络是需要花费时间的。

在你需要帮助之前就把人际网络建好。通过毫无保留地付出,你同他人建立起了关系。而当你需要帮助的时候,这些关系都将成为你巨大的资源。

第九条
要有社会资本意识。

在你需要别人帮助的时候，认真考虑一下你和他之间的社会资本是多少。别急于求成。社会资本是逐渐建立起来的。如果你试图在建立起足够的社会资本之前，就把它提取出来，那么，你就可能会对你和他人的关系造成伤害。

第十条
不要把人际网络仅仅看作商业行为。

人际网络是关于认识和了解他人的。尽管它是一个强大的商业策略——也许是最强大的——但同时它也是促进个人成长的一个美妙方式。

通过联系别人,以及通过接纳那些与你联系的人,你便为接受新的友谊和促进个人成长打开了一个全新的视野。

结束

推荐阅读

以下是写作本书时的部分参考书目:

15 Secrets Every Network Marketer Must Know, Rubino and Terhune (Wiley, 2006)

Achieving Success Through Social Capital, Wayne Baker (Jossey-Bass, 2000)

Breakthrough Networking, Lillian Bjorseth (Duoforce, 2009)

Dig Your Well Before You're Thirsty, Harvey Mackay (Doubleday, 1997)

Getting a Job, Mark Granovetter (University of Chicago Press, 1974)

Highly Effective Networking, Orville Pierson (Career Press, 2009)

How to Win Friends and Influence People, Dale Carnegie (Simon and Schuster, 1936)

Life Is a Contact Sport, Ken Kragen (William Morrow, 1994) Linchpin, Seth Godin (Penguin, 2010)

Jeffrey Gitomer's Little Black Book of Connections, Jeffrey Gitomer (Bard Press, 2006)

Make Your Contacts Count, Baber and Waymon (AMACOM, 2007)

Masters of Networking, Misner and Morgan (Bard Press, 2000)

Me 2.0: Build a Powerful Brand to Achieve Career Success, Dan Schawbel (Kaplan, 2009)

Networking Like a Pro, Misner, Alexander and Hilliard (Entrepreneur Press, 2009)

Never Eat Alone, Keith Ferrazzi and Tahl Raz (Doubleday, 2005)

Power Networking, Fisher and Vilas (Bard Press, 2000)

Professional Networking for Dummies, Donna Fisher (Wiley, 2001)

Smart Networking, Liz Lynch (McGraw-Hill, 2009)

The 29% Solution, Misner and Donovan (Greenleaf, 2008)

The Power of Small, Thaler and Koval (Broadway Books, 2009)

The Power of Who, Bob Beaudine (Center Street, 2008)

The Tipping Point, Malcolm Gladwell (Little,Brown and Company, 2000)

Think and Grow Rich, Napoleon Hill (Fawcett, 1937)

Tribes, Seth Godin (Portfolio, 2008)

Whale Done!: The Power of Positive Relationships, Ken Blanchard (Free Press, 2003)

欢迎继续阅读
本人的其他作品